Vámonos de compras......... ¿sin dinero?

Vámonos de compras......... ¿sin dinero?

Nitza Martínez

**Para pedidos de copias adicionales de este libro,
por favor contacte con:**
Palibrio
1663 Liberty Drive, Suite 200
Bloomington, IN 47403
Llamadas gratuitas desde EE. UU. 877.407.5847
Llamadas gratuitas desde México 01.800.288.2243
Llamadas gratuitas desde España 900.866.949
Llamadas internacionales +1.812.671.9757
Fax: 01.812.355.1576
ventas@palibrio.com
420402

ÍNDICE

Todos los que tengan sed,

vengan a tomar agua.

Y los que no tengan dinero,

vengan, compren y coman.

Compren vino y leche, sin que

les cueste nada, gratis.

Isaías 55:1 (PDT)

AGRADECIMIENTOS

Agradezco primeramente a mi
Dios por la bendición que me a
dado de poder compartir esta
experiencia con ustedes. A Elías
mi amado esposo por estar
siempre a mi lado y creer en mí,

Te amo. A mis dos regalos de Dios Nitzely y Bebo que siempre me han apoyado con su amor y paciencia. A mi amiga, vecina y hermana Milupi, sin ti este libro no hubiese nacido. A los Pastores Emerson y Mary Morales por la palabra de Dios que nos dieron para escribir este libro. A los pastores Víctor y Evita Higueros por todas las enseñanzas y su apoyo. A Yesy, Dios a premiado tu vida y la nuestra, no miraste lo que te rodea sino que oístes, y creístes, Isaías 55:1 es una realidad en tu vida y en tu hogar.

Deseo agradecer de una manera muy especial al coro Bethania USA, que en los momentos más fuertes y difíciles de la enfermedad, siempre estuvieron orando por mí, los quiero mucho. A Elizabeth nuestra niña milagro, cada vez que Dios nos permite estar contigo vemos cumplida cada promesa, aun cuando los Médicos no dieron ninguna esperanza de que vinieras al mundo, mi Dios sopló aliento de vida sobre ti y aquí estas, te amamos. A mi mamá mi mayor y mejor inspiración, ella me enseño con sus palabras poéticas que brotaban de su ser a raíz de todo lo que acontecía en la casa, Mama te quiero mucho.

Deseo agradecerle a usted por la oportunidad que me brinda hoy de entrar a su casa y sentarme con usted a compartir esta Hermosa experiencia.

SOBRE LA AUTORA

Nacida en San Juan, Puerto Rico, en el hogar del "cartero y la enfermera". Así era como nos conocían en el barrio, única mujer después de tres hermanos varones. Mi mamá me llamaba "mi pedacito del cielo", pues llegué el mismo día que mis padres cumplían 10 años de casados. Crecí en un lindo hogar con altas y bajas pero siempre unidos en familia, con valores, con mucha disciplina (muchísima), pero lo más valioso que me enseñaron fue el amar a Dios no importando las circunstancias, en noviembre del año 1989, decido dejar atrás mi dulce nido y salir a buscar mi destino en los Estados Unidos y tan pronto puse mis pies en tierra tejana, mi vida tomó un rumbo diferente, tuve que echar andar todo lo aprendido en aquel lindo y dulce nido. A las tres semanas de haber llegado a la ciudad de Houston TX, Era una tarde fría y de color naranja, en el mes de noviembre, visitando una Iglesia cuando pasó lo inesperado. Al estar a punto de entrar por las puertas de esta, estaba un joven con una sonrisa hermosa, su mirada profunda a través de aquellos ojos color café movieron mi corazón, la verdad que ese camino hacia la puerta se me hizo una milla y solo eran tres pasos pero cuando me fui acercando, aquel joven extendió su mano derecha hacia la mía, en ese momento mi estomago comenzó a tocar música, y mi corazón bailaba junto con las maripositas dentro de mí, en ese momento yo también extendí mi mano derecha, cuando se entrelazaron las manos hubo una conexión inmediata y solo escuché....Bienvenida. Aunque hayan pasado los años, cada día damos gracias a Dios por habernos unidos. Hoy tenemos un hogar solido, dos hijos preciosos,

Nitzely de 22 años y Bebo de 20 años, y lo más importante es que Dios es el centro de nuestras vidas.

CAPÍTULO I

¡En sus marcas!

Todos a la línea de arranque, para ello debimos habernos preparado con anterioridad. Así que comencemos en el principio, parecería inusual o tontas estas palabras pero la mayoría de nosotros vamos a la tienda sin saber realmente que necesitamos en el hogar, llegamos a la tienda, agarramos el carrito para echar las cosas y nos vamos góndola por góndola y si nos gusta, lo querremos, entonces lo echamos al carrito, ¡Qué error! A las tiendas no se va a comprar sin previa organización, así que empezaremos por el principio

Organización

La clave y base del ahorro, como lo comenté anteriormente es la organización, nunca pero nunca vallas a la tienda con hambre, con tu chequera o tarjetas de crédito, esto te ayudará a mantenerte dentro del presupuesto que con anterioridad preparaste.

Lo primero es buscar un momento durante el día o la noche, en donde te sientas descansado, sin hambre, tranquilo y sin interrupciones, también es importante tener una mesa en donde puedas trabajar.

Ya listo para trabajar debes de tener contigo, papel, lápiz, calculadora, los anuncios de las tiendas con fechas validas, sobres vacios.

¿Cómo me organizo?

Primeramente pregúntate ¿Cuánto dinero tengo para comprar?

Ya con la cantidad designada, procedemos al segundo paso.

Debemos de saber que hay tiendas que dentro de sus pólizas está el comparar precios, ¿Que es comparar precios? Es que si tu encuentras en tu área una tienda que pone un artículo a mas bajo precio que la tienda de ellos, (la tienda que tiene la póliza de comparar) ellos te igualan el precio, eso es muy importante a la hora de ahorrar pues no solo te garantiza un precio más bajo, también te ayuda a economizar en gasolina pues no tienes que ir tienda tras tiendas en busca de ahorros en algún artículo. Por ello es importante que a la hora de planificar tus compras, tengas a mano los anuncios de las tiendas en tu área.

Ya en la mesa o en el área que determinaste para trabajar, y con tus herramientas de trabajo, ya estás listo para organizarte. El papel es para que hagas una lista de TODAS las cosas que necesitas, el lápiz para escribir, pues como escuche del Pastor de la Iglesia a la cual asistimos, "mejor es confiar en un lápiz chiquito, que en una mente grande", la calculadora es muy importante pues con ella podrás tener una idea más exacta de cuánto dinero gastarás en la tienda y también te ayudara a mantenerte dentro de tu presupuesto. Los sobres son para poner dentro de ellos la lista de las cosas a comprar y cada sobre se identificará por tiendas, y lo más importante los anuncios de las tiendas.

Así que con todos tus materiales listos y ya a la mano, sobre todo sabiendo para qué es cada herramienta de trabajo, entremos al capítulo II

CAPÍTULO II

¡Listos!

En este capítulo aprenderemos a conocer el mensaje que nos transmiten los anuncios de las tiendas que recibimos cada semana.

Vamos a pensar por un momento, si tú te inventas un producto,

¿Cómo le harías para darlo a conocer?

La respuesta podría ser fácil, si regalas 1,000,000 de ese producto, y lo distribuyes a través de diferentes tiendas por todo el País, lo más seguro es que una tercera parte de los consumidores les guste tu producto y consideren seguirlo comprando.

Pues de esa misma manera trabajan los fabricantes o manufactureros, ellos desean que tú conozcas, y te enamores de su producto. Por eso ellos envían a las tiendas cantidades limitadas del nuevo producto para que los consumidores lo prueben y se lo lleven a casa sin costo alguno, y de esa manera se conviertan en un fiel cliente.

Pero no te sientas mal, aquí te enseñaré a entender esos mensajes.

¿Cómo y cuándo puedo comprar?

Si no conoces los días que comienzan y los días que termina los especiales, no sabrás como ni cuando comprar, Normalmente las tiendas de abarrotes comienzan sus especiales (U.S.A) de miércoles a martes, las farmacias de domingo a sábado, Saber esto es importante pues te ayudará a organizarte mejor al momento de hacer tus compras.

Practiquemos

Ahora juntos vamos a practicar como ahorrar antes de ir a la tienda. Tomemos papel y lápiz y lo primero que vamos hacer es una lista de las cosas que necesitamos en la casa, lo organizaremos en 2 partes:

Ejemplo

1. Urgente   **2. Necesito**

Papel de baño   Limpiador de ventanas

Papel toalla   Escoba

Jabón   Azúcar

Frutas   Sal

31

Ya con la lista terminada, procedemos a buscar en los anuncios semanales de las tiendas los artículos que tenemos en la lista, cuando veas el producto con el lápiz hazle un circulo, ¿Para que le hacemos un circulo? pudiese suceder que el mismo artículo esté en especial en diferentes tiendas y con diferentes precios, esto te ayudara a identificar el precio más bajo.

Veamos el siguiente ejemplo de cómo debe de verse la lista en esta segunda etapa:

1. Urgente.		2. Necesito	
Papel de baño	$2.99	Limpiador	
		de ventanas	1.00
Papel toalla	99	Escoba	3.99
Jabón	79	Azúcar	.88
Bananas	.39lb (4lbs)	Sal	.20

Al terminar la lista de las cosas que escribiste en el papel, toma la calculadora y suma los precios para que tengas un total. Veamos el siguiente ejemplo:

1. Urgente.		2. Necesito	
Papel de baño	$2.99	Limpiador de ventanas	1.00
Papel toalla	.99	Escoba	3.99
Jabón	.79	Azúcar	.88
Bananas	.39lb (4lbs)	Sal	.20
Total $12.37			

Ahora, si nos fijamos bien en los anuncios de las tiendas nos daremos cuenta de que hay artículos que ellos anuncian GRATIS, mi recomendación es que prestemos mucha atención a ellos, Veamos estos ejemplos:

$3 sale price
$3 good on next purchase
like getting purchase **free**

Prevention 8 pk. Thinstrips.

Prevención del Mareo
GRATIS con Reembolsos de la
Caja Registradora.** Válidos para
tu próxima compra.

$10 sale price
$10 good on next purchase
like getting purchase **free**

Heartburn 1 oz.

Alivio para la Acidez
GRATIS con Reembolsos de la
Caja Registradora.** Válidos para
tu próxima compra.

$3 sale price
$3 good on next purchase
like getting purchase **free**

• 16 ct.
• 8 ct. I Have a Blister

Help! • I've Cut Myself • I Have a Blister
GRATIS con Reembolsos de la Caja Registradora.**
Válidos para tu próxima compra.

Aquí vemos que algunas tiendas anuncian ciertos productos que puedes obtener gratis. Esto sucede de dos maneras. En el primer ejemplo la tienda anuncia que al comprar ese artículo que está en especial por $10, ellos le regresan $10 que los puede utilizar en la siguiente compra. Ósea lo obtienes gratis.

Cuando estaba haciendo mi lista de cosas que necesito para el hogar, me di cuenta que la medicina que usa mi hijo para las alergias está en especial en la tienda "x", así que la puse en mi lista para comparar, pero luego me di cuenta que si voy a la tienda que anuncia el producto puedo comprar más por menos dinero.

Mi presupuesto es de $20.00.

Transacción I

Medicina para acides	$10
Tiras para dormir	$3
Medicina para dolor	$3

Total $16

me regresan $10, $3, $3 total $16

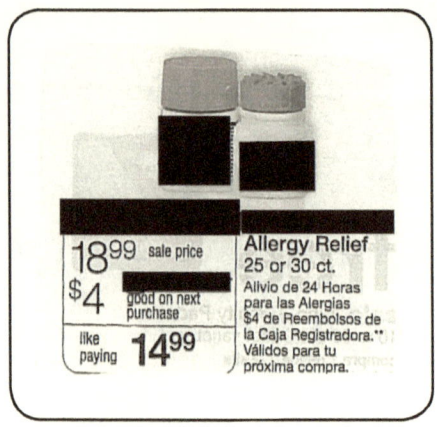

Transacción II

Medicina para alergias $18.99

Pague $16 con el dinero que me

regresaron de la

transacción I

mas 3 efectivo

total de $19

$4 regresaron por la compra

de la medicina para

Alergias

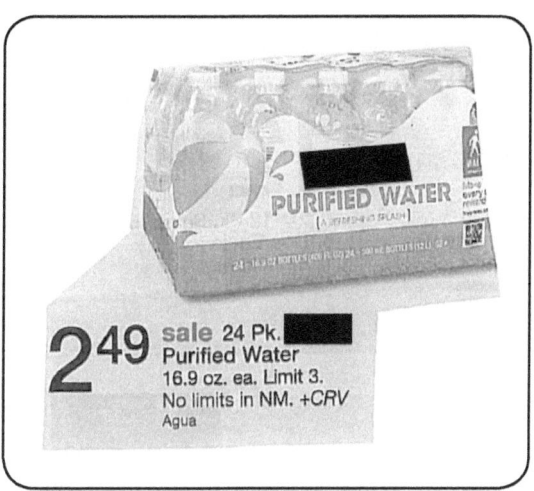

sale 24 Pk.
2⁴⁹ Purified Water
16.9 oz. ea. Limit 3.
No limits in NM. +*CRV*
Agua

sale
1⁹⁹ 2X Laundry
Detergent
33 loads.
Detergente para
Lavar Ropa

Transacción III

I caja de agua	$2.49
I jabón de lavar	
ropa	$1.99
Total	$4.48
Pagar con los	$4.00 que regresaron en la transacción II
Mas	.48 en efectivo

Así que el total de lo pagado: $16.00 + 3.00 + 0.48 = $19.48 por 6 artículos. Pero si hubiese comparado los mismos productos en la tienda donde puedo comparar hubiese pagado un total de $39.47, o sea obtuve un ahorro de $19.99.

En el siguiente ejemplo vemos que ellos tienen el paquete de toallas femeninas de 14 por $2.00 y nos están avisando que en el periódico del domingo salió un cupón manufacturero de $2.00 Entonces la transacción sería así:

Ejemplo:

Toalla femenina   14 pk. $2.00 especial

El Total a pagar es de $2.00 lo pago con el cupón manufacturero, así que el producto me lo llevo a la casa gratis pues el fabricante o manufacturero me dio el dinero para pagarlo en la tienda.

Siguiendo este patrón, podrás experimentar las ventajas de organizarse antes de "regalarle" tu dinero a las tiendas. Ten paciencia y te aseguro que la práctica te llevara a la perfección. Ahora estas lista para ir a la tienda y echar andar lo aprendido.

Pasemos al capítulo III

CAPÍTULO III

¡A comprar!

No te olvides de llevar:

1. Los anuncios de las tiendas que utilizarás para comparar

2. La lista de productos a comprar (antes preparada)

3. El dinero en efectivo

Consejo

Ya en la tienda busca solamente lo que llevas en tu lista, si recuerdas o miraste algo que necesitas pero no está en la lista, te aconsejo que lo anotes para la próxima vez.

Cuando estés lista para pagar, divide tus abarrotes en 2, primero lo que NO vas a comparar, y segundo, lo que SI vas a comparar, de esa manera estarás mas organizado tanto para ti como para el cajero, y ayudara al fluir de la línea en la registradora.

Con una amable sonrisa busca si el cajero lleva el nombre escrito, y mirándolo a los ojos le dices "buenas tardes Juan, hoy voy a estar comparando precios, estos artículos van a hacer a precio regular y la segunda parte será la que voy a comparar"....... De esa manera estarás creando un ambiente de confianza entre el cajero y tú.

No te desanimes si te das cuenta de que cometiste algún error, más bien, Alégrate, pues vas camino a la perfección. Al principio me paso muy seguido el cometer errores, me daba cuenta que no había mirado bien todos los especiales y al final pagaba más de lo presupuestado, así que eso le sucede a todos.

Tranquilidad y paciencia, los especiales terminan hoy pero no significa que no van a regresar. Todos los productos tienen un ciclo, así que si hoy termina el especial, este especial volverá en cuatro o cinco meses.